1日1分見るだけで 記憶力がよくなるすごい写真

用照片提升記憶力的

科學訓練法

腦科學證實有效！

1天只要1分鐘，

無論在哪都可以輕鬆進行

記憶力訓練師
腦力開發研究家
吉野邦昭 著

許展寧　譯

晨星出版

想不起某人的名字、出門購物卻忘了該買什麼，
變得越來越常說「就是那個啦」、不時忘記自己現在要做什麼，
也總不記得家裡鑰匙放到哪兒去了……。
我們常常會聽到有人說：

「年紀越大，記性就越來越差了。」

為了解決**容易健忘**的煩惱，想必你一定也嘗試過各式各樣的方法。

不過，**你的記性有因此變好嗎？**

讓你無法解決煩惱的一大原因，
會不會是因為你覺得「很麻煩」呢？

像是做做腦力訓練、調節飲食、改善生活習慣和運動等等。

最近市面上甚至還有販賣**光用眼睛看，**

就能鍛鍊腦力的練習簿。

然而只是「用看的」，你的記性真的就變好了嗎？

你真的不再健忘了嗎？

其實到頭來，讓你無法解決健忘煩惱的兩大原因應該就是：

①嫌麻煩 or 過程困難，無法持之以恆。

②無法信任訓練效果。

但是別擔心！

本書就是為了解決這些問題而生的！

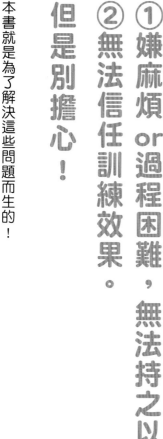

而用來解決這兩個問題的方法，
就是利用畫了分割線，
乍看像是加上格紋的

「16宮格照片」。

你或許會想：
「像這種只是多了分割線的照片，真的能讓記憶力變好嗎？」
你儘管放心吧。

因為這個方法已經獲得證實了。

首先來簡單說明一下做法吧。
請你在指定時間內，一一觀看照片裡的每格畫面。
等你看完其中1格後，接著再看下1格即可。

1 在指定時間內觀看其中1格畫面。
2 將視線移動到下1格，繼續在指定時間內觀看。
3 重覆2的動作直到最後1格。

而且，你只需**1天看1張照片**。

觀看照片的時間約30秒。看完照片後，再回答幾個有關照片內容的問題。

作答時間大約也是30秒。

換句話說，**1天只要用1分鐘**，就能輕鬆完成訓練。

只要帶上這本書，不管是做家事的閒暇之餘、工作途中的休息空檔，

還是搭電車移動的時候，你都可以**隨時隨地**利用零碎時間，

輕鬆愉快地鍛鍊腦力。

因為你唯一要做的事，**就只是看照片而已。**

這麼做，一點也不會讓你覺得

「①麻煩or過程困難，

無法持之以恆」！

可是不管我們多有毅力，沒效果就沒有意義了。
其實這種「16宮格照片」，
都是有科學根據的。
這種利用16宮格照片的方式，是我依據
美國頂尖大學
麻省理工學院（MIT）
的腦科學研究，自行研發出來的訓練法。
我想應該很多人都聽說過MIT。
MIT是**連續9年奪下**

麻省理工學院

世界大學排名冠軍的學校※，

可說是**全球最高學術研究機關。**

另外在這個世界大學排名中，
史丹佛大學是第2名，
哈佛大學則是第3名。

我曾邀請 **1082人**親身體驗16宮格照片的訓練法。
最後竟然有多達**96.4%**的人都說有效。
所以這個方法，

也可以化解你
「②無法信任訓練效果」的煩惱！

這個方法
我也辦得到！

「16宮格照片」的效果
96.4%的人
都說有效！

※ 引用自 QS World University Rankings 2021

為什麼只是看了加上分割線的照片，
就可以提升記憶力呢？

每當你想不起來什麼的時候，
是不是會暗自思考「自己為什麼會忘記」？

這個想法本身就是個錯誤。

其實真正原因就在於——

「你不是忘記，
而是從來沒有記在腦海中過。」

比方來說，
當你忘了自己把家裡鑰匙放到哪裡時，

真正的原因並不是想不起來，

而是**放鑰匙的當下沒有集中精神，**

所以你打從一開始就沒有把這件事記在腦中。

換句話說，

其實**記憶力就是「行動專注力」。**

16宮格照片是把1張照片分割成16個格子，

將視線依序限制在每1格畫面上，

用科學角度提升「行動專注力」。

＼來自全國各地／
眾多體驗者的喜悅心聲！

只是趁著搭電車的時候練習，說出「就是那個啦」的次數就降到 0 了！

松浦朋美（40多歲・女性）

我最近老是愛說「就是那個啊」、「就是那個人啦」，害我很擔心自己的記性變差。

在這之後，我常常趁著搭電車的時候看「16 宮格照片」，只是每天花 1 分鐘看 1 張照片而已。

沒想到在持續做了 2 星期左右後，就明顯發現自己健忘的次數變少了！

你問我記憶力變好的原因？究竟是為什麼呢？我以前也做過幾種腦力訓練，但這還是我第一次聽到「行動專注力」的論點。要改善記憶力，也許跟花費多少時間和勞力無關，就算只是短短的練習，懂得提高「行動專注力」才是最重要的也說不定喔。

不知不覺就想起好多人的名字！

野澤隆宏（70多歲・男）

大約從 50 幾歲開始，我就漸漸想不太起來很多人的名字，當時的我很擔心自己是不是罹患了早發性阿茲海默症。在 20 年後的現在，我忘記人名的頻率變得越來越高了。

於是我每天開始在早晚飯後練習「16 宮格照片」。我知道 1 天只要看 1 張照片就好，但我實在太求好心切，再加上做起來也很好玩，所以我都是 1 天看 2 張照片，只花 2 星期就做完所有習題了（笑）。

差不多過了 1 星期左右吧？我發現自己在和太太聊天時，開始可以流暢地說出人名了。其中特別讓我開心的，就是我甚至能自然說出將近 30 年沒見、以前一起共事過的同事名字。

因為有趣而能輕鬆地持之以恆，記憶力 up！

坂本愛子（60多歲・女）

我和先生現在都 60 歲以上了，是會開始在意起失智症的年紀。最近我常常一時想不起事情，還會突然忘記自己喜愛的電影話題，害我滿腦子都在擔心「自己是不是已經成為失智症的高風險族群？」，每天過得提心吊膽。

「16 宮格照片」其實就像是遊戲，我還是第一次遇到這麼有趣的訓練法！我本來只是自己默默練習，後來也拼命鼓吹先生試試看，已經成為我們夫妻倆的共同興趣了（笑）。

我現在能明顯感受到自己越來越少態態忘記事情，害怕罹患失智症的憂慮也一掃而空，更讓我睽違許久地找到想投入其中的事物！

簡直就像作夢一樣，不知不覺就不再健忘了！

清田翔（40多歲．男）

最近兒子告訴我：「爸，這件事你講第 3 遍了」讓我聽了大吃一驚，因為我根本沒發現自己早就說過了。

一開始看到「16 宮格照片」的時候，我還半信半疑地心想：「這真的有效嗎？」因為做法真的太簡單了。我平常也只是利用工作空檔練習一下，不會耗掉太多時間。

「爸，你最近都不會重複同樣的話了耶。」聽到兒子這麼說，害我都掩不住喜悅（笑）。而且兒子的這番話還是在我實際感受到訓練效果之前告訴我的。現在的我，已經深刻體會到「16 宮格照片」有多麼簡單有效了。

同時提升專注力，工作起來更順利！

種井健人（50多歲．男）

我平常的工作大多為辦公室作業，然而每次在打電腦的時候，常常會突然心想「我現在是要做什麼來著」，導致工作效率明顯降低不少。

因為這個「16 宮格照片」也能鍛鍊「行動專注力」，幫助我工作起來變得順利多了！我也開始不斷推薦給身邊的人，希望他們都嘗試看看（笑）。

和家人一起愉快地加強記憶力！

澤田芳子（40多歲．女）

我最近出門的時候越來越常漏買東西，便開始嘗試挑戰「16 宮格照片」。就像每天吃藥一樣，我都是固定在晚飯後做訓練，所以一下子就養成練習的習慣。

現在我出門已幾乎不再漏買東西，連我先生和讀小學的兒女也迷上 16 宮格照片，全家人會聚在一起練習。

腦袋打結的感覺一掃而空！

松尾FUMI（50多歲．女）

為了預防失智，我以前也嘗試過朗讀或算數等訓練方式，但最後總是不了了之，也感受不到實際效果。

試了「16宮格照片」之後，那種想不起事情，腦袋打結的感覺也全都消散了。

我媽媽現在80多歲，我也將這本書當作禮物送給她。

真的只要2星期就能見效！

清水美奈子（30多歲．女）

每當我做家事做到一半，中途跑去其他房間拿個吸塵器時，經常會猛然心想：「奇怪？我是來這裡做什麼……」我明明才30幾歲，卻越來越擔心自己的記性變差。

於是我開始利用做家事的空檔，每天花1分鐘看1張「16宮格照片」，結果過了2星期左右，我發現自己竟然一下子就能進入「專心狀態」了。

家裡鑰匙和手機……解決我轉頭就忘的煩惱！

中井克（60多歲．男）

我最近經常弄丟家裡鑰匙，或是把手機忘在咖啡廳，自己卻埋頭在翻找不可能冒出手機的公事包，每天都好怕自己是不是也得了失智症。

我都是趁散步的時候，在公園做「16宮格照片」的訓練。因為這本書攜帶方便，而且隨時隨地都能練習，做起來也不會覺得累。

到了現在，我已經不再丟三落四，也不會老是浪費時間找東西，覺得每一天都過得好充實。

我還發現自己自然而然地改掉了易怒的個性，擔心罹患失智症的恐慌心情也消散了，每天都過得特別愉快。

「16宮格照片」的4大重點

Point 1　1天看1次，花1分鐘就OK

1天只要花大約30秒看1張照片就OK，看完後再回答有關照片內容的問題，作答時間差不多是30秒，所以1天用1分鐘即可完成。

Point 2　28天＝4星期的訓練

本書總共有28張照片，設計成以28天為週期（＝4星期）就能做完所有練習。有些反應比較快的人，甚至在第1個星期就能明顯感受到效果。

Point 3　沒有年齡限制

只要看得懂有關照片的問題，不管是幾歲的讀者都OK！從小朋友到爺爺奶奶，全家人可以用玩遊戲的心情一起來練習。

Point 4　隨時隨地都能進行

無論是早晨、或者是搭電車通勤的途中、還有晚上在家放鬆休息的時候，也不拘泥於室內室外！本書的尺寸方便你隨身攜帶，所以只要有1分鐘的空檔，隨時隨地都可以練習。

目次 | Contents

來自全國各地，眾多體驗者的喜悅心聲！…… 10

先來挑戰範例的「厲害照片」！…… 16

以 MIT 的腦科學研究作為根據，
讓 96.4%的體驗者都說有效的記憶力回復法 …… 22

讓你記憶力變好的厲害照片

1 st week 〔第 1 週〕…… 24　1 st week 〔第 1 週〕的答案 …… 39

2nd week 〔第 2 週〕…… 40　2nd week 〔第 2 週〕的答案 …… 55

3 rd week 〔第 3 週〕…… 56　3rd week 〔第 3 週〕的答案 …… 71

4 th week 〔第 4 週〕…… 72　4th week 〔第 4 週〕的答案 …… 87

讓記憶力更好的祕訣

①只要伸出食指，就能降低 84%的健忘現象！「指認訓練」…… 88

②只要準備紙筆就好！「漢字特訓」…… 90

③出乎意料的絕佳效果！「葡萄糖」…… 92

④ 1 天只要 1 分鐘！「想像訓練」…… 94

參考文獻 …… 95

先來挑戰範例的「厲害照片」！

為什麼看了「16宮格照片」，就能讓記憶力變好呢？如同我在本書開頭提到的一樣，這是因為你提升了「行動專注力」的關係。

我們都覺得只要看過或聽過，自己就能立刻記下那些資訊，其實這是個錯誤觀念。人必須集中精神「觀看」和「聆聽」，才有辦法將事物真正記憶在腦中。

現代人身處在資訊爆炸的時代，加上近年來，由於「能隨身帶著走的資訊媒介」——智慧型手機的普及，讓人容易被吞沒在席捲而來的資訊中，造成「行動專注力」明顯降低，最後導致苦於健忘的人變得越來越多。

我們先來小試身手一下吧。請你用30秒觀看下頁的照片，接著再回答後面的問題。

Hollywood Bl
6800 W
CROSS
ON
WALK
SIGNAL
ONLY
Hollywood
WAX
MUSEUM
MOST VISITED
ATTRACTION
StarLine
CitySightseeing
Hop On
Hop Off
DOWNTOWN L.A. TOUR
Politician
NETFLIX

例題1

Question

Q1 斑馬線的紅綠燈還剩下幾秒？

Q2 左邊人行道上的橘衣男穿著什麼顏色的鞋子？

Q3 公車2樓的第一排座位坐了幾個人？

※答案請見P23

你覺得如何？出乎意料地答不太出來吧？可能有些人甚至會覺得：「照片裡有出現這個嗎？」要是你能夠全部答對，就代表你具有相當高的「行動專注力」！

「咦？怎麼辦，我完全答不出來……」如果有這種情況也沒關係，因為幾乎沒什麼人回答得了這些問題，你一點也不用在意。

接著再來試試下一張照片吧。

這次的照片被分割成16格，其中幾格還被隱藏了起來。請你按照順序，從沒有被隱藏的任意1格開始看起，每格觀看4秒，然後再回答後面的問題。

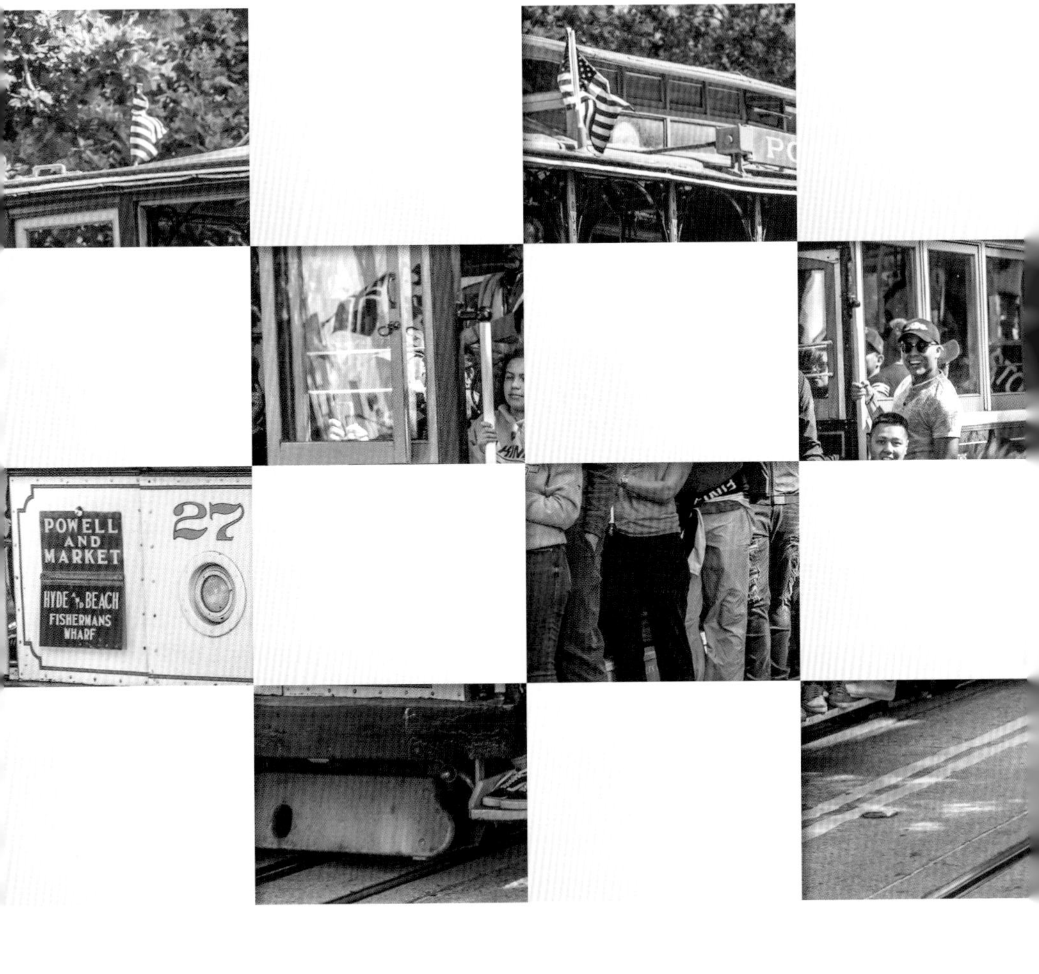

例題2

Question

Q1 電車屋頂上有幾支美國國旗？

Q2 電車的編號是幾號？

Q3 右邊的墨鏡男戴著什麼顏色的帽子？

※答案請見P23

你覺得如何？是不是比剛才更容易回答得出來了？

這是因為將照片分割成小畫面，限制資訊的範圍後，便能讓自己集中精神注視照片。為了避免分心，甚至事先隱藏了部分畫面，減少需要觀看的格子數量。

這些照片會在4星期＝28天的期間慢慢增加難度，是任何人都能輕鬆挑戰的訓練法。

「我連例題2也完全答不出來……」如果你是這樣的人，其實也用不著擔心！比起答對問題，「16宮格照片」是要讓你學習「吸收資訊的正確方式」。就算1題也答不出來，你的記憶力仍有在進步，請儘管放心吧。

1st week：「16 宮格＋部分隱藏」× 7 張

2nd week：「完整的 16 宮格」× 7 張

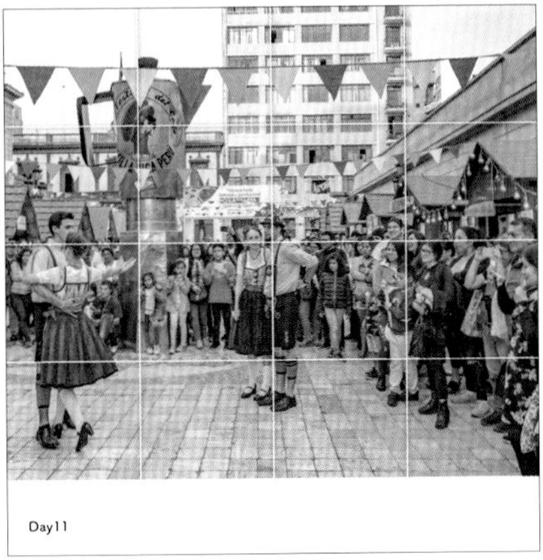

3rd week：「4 宮格＋部分隱藏」× 7 張

4th week：「完整的 4 宮格」× 7 張

以MIT的腦科學研究作為根據，讓96.4%的體驗者都說有效的記憶力回復法。

為了尋找能夠有效改善健忘的根源——也就是提高「行動專注力」的科學方法，我曾經瘋狂地做過一番調查，但還是沒有在日本找到「最能對症下藥」的解答。於是接下來，我開始到處閱讀許多有關「記憶」的國外論文和醫學書籍。

就在我持續調查的某一天，偶然找到了一篇論文，那是來自研究失智症的權威，麻省理工學院名譽教授瑪麗．克勞福．波特（Mary Crawford Potter）的研究。

根據該論文的內容顯示，人只要0.1秒就能辨識眼睛看到的視覺資訊，但是若要將該資訊化為長期記憶，必須再多看0.3秒才行。換句話說，我們不能只是走馬看花，而是要緊緊注視一段時間（總計最少需要0.4秒）之後，才有辦法在腦中長時間留下某個視覺資訊。在其他探討記憶的眾多論文中，也經常會引用這篇論文的內容，顯現出這項研究結果有多麼重要。

「16宮格照片」就是我依據這篇論文設計出來的訓練法，並邀請1082人實際嘗試後，其中有96.4%的人都表示「十分有效」。

聽到這裡，也許有人會覺得「這種16宮格照片只對視覺資訊有用吧」，這是個很大的誤解，因為與其說這是用於加強視覺能力，正確來說，其實是透過基礎來提升每個瞬間的行動專注力。是以，無論面對的是來自聽覺或其他五感的資訊，你的記憶力一樣都會進步。

從下頁開始，我們終於要來正式挑戰「16宮格照片」了。希望大家能天天翻開本書，精神飽滿地度過每一天！

P17～P18 例題 1 的答案

Q1：19秒

Q2：紅色

Q3：3個人

P19～P20 例題 2 的答案

Q1：2支

Q2：27

Q3：黑色

讓你記憶力變好的厲害照片

1st week［第1週］

下個跨頁的右頁

Day5

Question

Q1 左上角能看到1艘有屋頂的小船，請問這艘小船是面向哪個方向？

Q2 右側中央的小船上站著許多人，其中戴著黃色假髮的人穿著什麼顏色的衣服？

Q3 照片前方中央的小船前端有什麼圖案？
1. ∴ 2. ★ 3. ♥ 4. △

034 → 035

翻頁之後

左頁

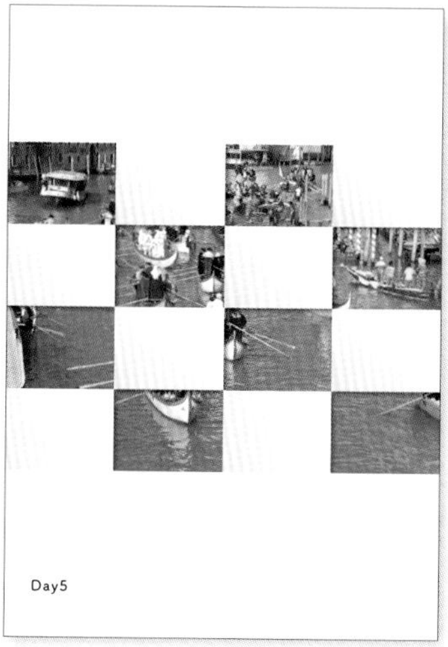

Day1 ～ Day7的訓練

❶ Day1～Day7準備了「16宮格＋部分隱藏」的照片。

❷ 請觀看左頁照片中有顯示畫面的格子，1格看4秒，1頁總計看32秒。可以從任意1格開始看起，但記得要繼續依序看下去，不要隨便跳格。

❸ 翻頁後，請回答下個跨頁的右頁中所列有關該照片的問題。
※Day1～Day7的答案請見P39。

❹ 隱藏格子的模式會逐漸有不同變化，希望大家能樂在其中！

Day1

Day1

Question

Q1 Transfer（換車）的方向該往哪裡走？

Q2 照片中有出現1個知名品牌的名稱，
請問是什麼品牌？

Q3 照片右邊的時鐘長針指向什麼數字？

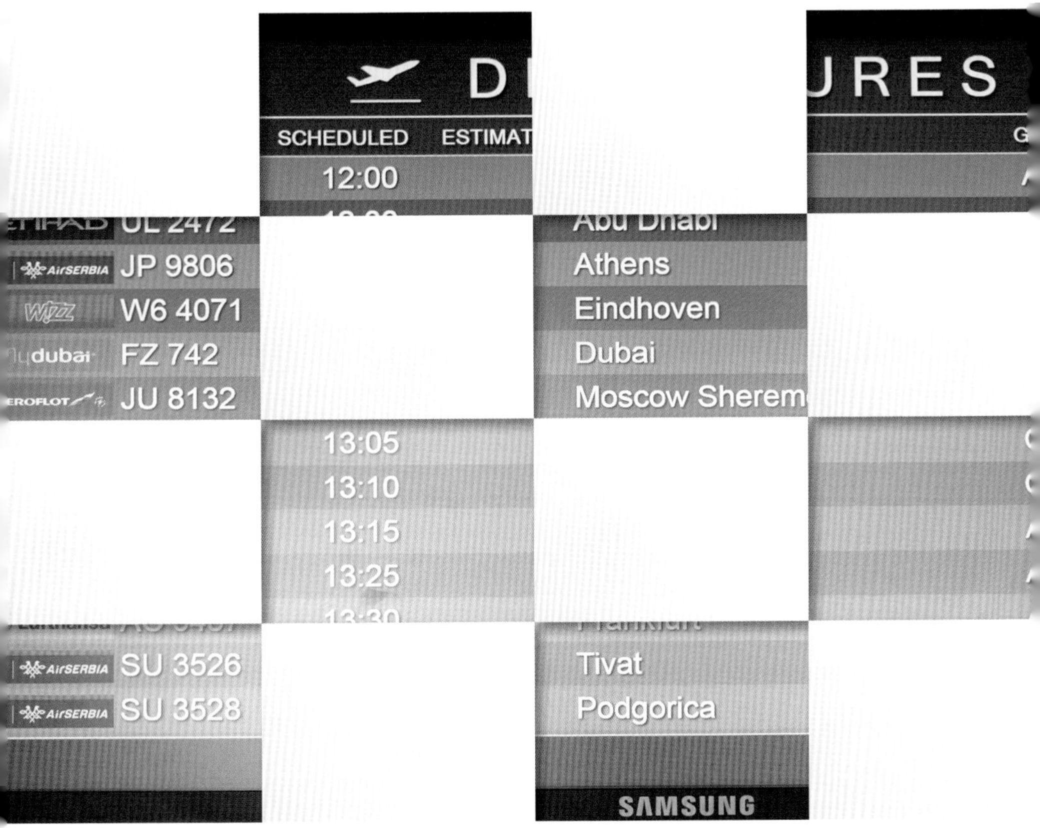
D
URES
SCHEDULED
ESTIMAT
12:00
AirSERBIA
JP 9806
W6 4071
dubai
FZ 742
JU 8132
Athens
Eindhoven
Dubai
Moscow Sherem
13:05
13:10
13:15
13:25
SU 3526
SU 3528
Tivat
Podgorica
SAMSUNG

Day2

Day2

Question

Q1 照片中的時間是什麼時候？

1. 早晨　2. 中午　3. 深夜

Q2 電子告示板是哪個廠牌？

1. Panasonic　2. SONY　3. SAMSUNG

Q3 若要搭乘12:00起飛的班機，
該去幾號登機門（GATE）？

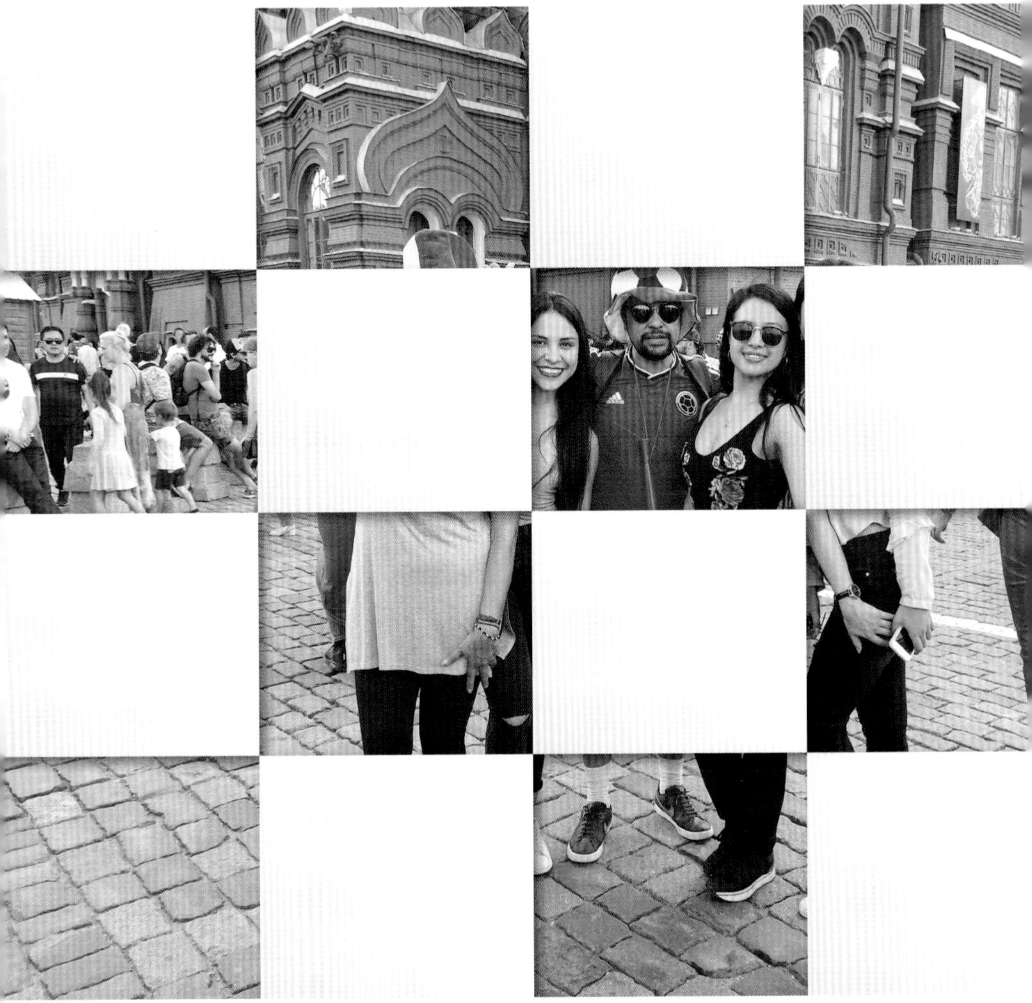

Day3

Day3

Question

Q1 有5個人正在拍紀念照，在目前能看到臉的3個人中，請問有幾個人戴著墨鏡？

Q2 右邊背對鏡頭的女子穿著什麼樣的服裝？

1. 黃色的裙子
2. 紅色的褲子
3. 藍色的褲子

Q3 坐在左邊的白衣男有戴墨鏡嗎？

Day4

Day4

Question

Q1 有對情侶坐在左前方，請問其中女生的鞋子是什麼顏色？

Q2 坐在右前方的男子正在做什麼？

Q3 有個穿著黃色毛衣的女孩正好面向鏡頭，請問她的胸口有什麼東西？

032 → 033

Day5

Day5

Question

Q1 左上角能看到1艘有屋頂的小船，請問這艘小船是面向哪個方向？

Q2 右側中央的小船上站著許多人，其中戴著黃色假髮的人穿著什麼顏色的衣服？

Q3 照片前方中央的小船前端有什麼圖案？

1. ∴　2. ★　3. ♥　4. △

Day6

Day6

Question

Q1 左上角的尖塔頂端有什麼造型的裝飾？

Q2 走在隊伍左側，面向鏡頭方向的人是男性還女性？

Q3 請問地面是什麼材質？

1. 水泥　2. 碎石子　3. 鋪石地

Day7

Day7

Question

Q1 照片中總共有幾個人？

Q2 站在最左邊，露出肚子的小孩是男生還是女生？

Q3 有幾個人只舉起單手？

1st week〔第1週〕的答案

Day1

Q1 直走

Q2 CHANEL

Q3 6

Day4

Q1 粉紅色

Q2 打電話

Q3 墨鏡

Day6

Q1 ★（星星）

Q2 女性

Q3 3. 鋪石地

Day2

Q1 2. 中午

Q2 3. SAMSUNG

Q3 A7

Day5

Q1 照片正面方向

Q2 紅色（紅色或白色皆正確）

Q3 1. ∴

Day7

Q1 9個人

Q2 女生

Q3 4個人

Day3

Q1 2個人

Q2 2. 紅色的褲子

Q3 沒有戴墨鏡

2nd week〔第2週〕

下個跨頁的右頁

Day10

Question

Q1 中央的大樹上掛著2種不同顏色的彩球，其中1種是粉紅色，請問另1種是什麼顏色？

Q2 中央有個小孩被媽媽緊抓著雙手，請問這個小孩的T恤是什麼顏色？

Q3 左邊總共有幾台嬰兒車？

046→047

翻頁之後

左頁

Day10

Day8 ～ Day14的訓練

1. Day8～Day14準備了「16宮格畫面」的照片。

2. 請觀看左頁照片中用細線分隔的格子，1格看2秒，1頁總計看32秒。可以從任意1格開始看起，但記得要繼續依序看下去，不要隨便跳格。

3. 翻頁後，請回答下個跨頁的右頁中所列有關該照片的問題。

※Day8～Day14的答案請見P55。

Day8

Day8

Question

Q1 有2個顏色相同的熱氣球在並排飛行，請問這2個氣球是什麼顏色？

1. 黃色　2. 綠色　3. 藍色　4. 紅色

Q2 照片中總共有幾個熱氣球？

Q3 飛得最高的熱氣球是什麼顏色？

1. 白色　2. 黑色　3. 紅色　4. 藍色

Day9

Day9

Question

Q1 左邊人行道上的女子穿著什麼顏色的上衣？

Q2 右邊最前方的房子牆壁是什麼顏色？

Q3 左邊最前方的房子1樓牆壁是膚色，請問2樓牆壁是什麼顏色？

Day10

Day10

Question

Q1 中央的大樹上掛著2種不同顏色的彩球，其中1種是粉紅色，請問另1種是什麼顏色？

Q2 中央有個小孩被媽媽緊抓著雙手，請問這個小孩的T恤是什麼顏色？

Q3 左邊總共有幾台嬰兒車？

Festival del Café
VILLA RICA PERÚ
Primera feria
cultural y productiva
OXAPAMPA
Reserva de Biósfera

Day11

Day11

Question

Q1 正在跳舞的男子穿著什麼顏色的鞋子？

Q2 廣場後方有棟高大的建築物，請問這棟建築物是什麼顏色？

1. 白色　2. 黑色　3. 藍色　4. 紅色

Q3 廣場上掛著3色的三角旗幟，請問除了白色和綠色外，另1種是什麼顏色？

Day12

Day12

Question

Q1 樂團裡面總共有幾名成員？

Q2 最右邊的人拿著什麼樂器？

Q3 「P」的交通號誌下面寫著什麼？

1. 62-NI-83　　2. 15-FH-67

3. 69-DK-39

Day13

Day13

Question

Q1 最右下角有顆氣球，請問這顆氣球是什麼顏色？

Q2 坐在中央下方的金髮小孩背著什麼顏色的背包？

Q3 站得最靠近鏡頭的男子背著什麼款式的包包？

1. 側背包　　2. 後背包
3. 公事包　　4. 手提包

Day14

Day14

Question

Q1 站在左邊的老師穿著什麼顏色的罩衫？

Q2 公車的擋風玻璃上方寫著什麼？

Q3 排在隊伍最後面的小孩是穿長袖還短袖？

2nd week [第2週]的答案

Day8

Q1 2. 綠色

Q2 12個

Q3 3. 紅色

Day9

Q1 紫色

Q2 紅色

Q3 水藍色

Day10

Q1 水藍色

Q2 水藍色

Q3 2台

Day11

Q1 黑色

Q2 1. 白色

Q3 藍色

Day12

Q1 5個人

Q2 薩克斯風

Q3 1. 62-NI-83

Day13

Q1 橘色

Q2 紅色

Q3 1. 側背包

Day14

Q1 綠色

Q2 SCHOOL BUS

Q3 長袖

3rd week〔第3週〕

下個跨頁的右頁

Day15

Question

Q1 總共有幾扇窗戶前方放著盆栽？

Q2 其中有2扇門的上方寫著數字，其中1個是「595」，請問另1個數字是多少？

Q3 最右上角的窗戶周圍是什麼顏色的牆壁？

058 → 059

翻頁之後

左頁

Day15

Day15 ～ Day21的訓練

1. Day15～Day21準備了「4宮格＋部分隱藏」的照片。

2. 請觀看左頁照片中有顯示畫面的格子，1格看16秒，1頁總計看32秒，從任意1格開始看起即可。

3. 雖然格子變得比較大，但是請不要走馬看花，而是專心觀看畫面中的每項資訊，試著提高自己的「行動專注力」。

4. 翻頁後，請回答下個跨頁的右頁中所列有關該照片的問題。
※Day15～Day21的答案請見P71。

5. 隱藏格子的模式會逐漸有不同變化，希望大家能樂在其中！

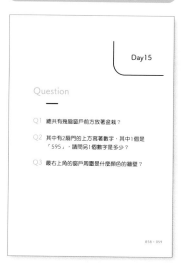

Day15

Day15

Question

Q1 總共有幾扇窗戶前方放著盆栽？

Q2 其中有2扇門的上方寫著數字，其中1個是「595」，請問另1個數字是多少？

Q3 最右上角的窗戶周圍是什麼顏色的牆壁？

Day16

Day16

Question

Q1 架上擺著1頂帽子，請問這頂帽子是什麼款式？

1. 獵人帽
2. 貝雷帽
3. 草帽
4. 毛帽

Q2 疊放在架上的黃色衣服有幾件？

Q3 架上總共陳列著幾雙鞋子？

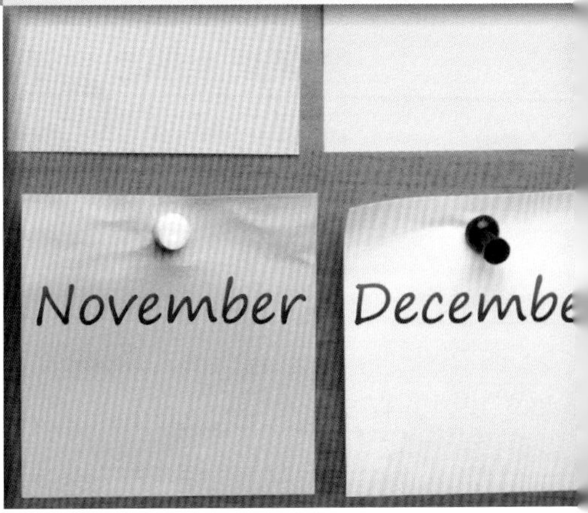

Day17

Day17

Question

Q1 最左上角的便條紙上寫了什麼？

Q2 便條紙上的英文單字都是大寫嗎？
還是只有第1個字母大寫？

Q3 圖釘有3種顏色，分別是白色、黑色
和什麼顏色？

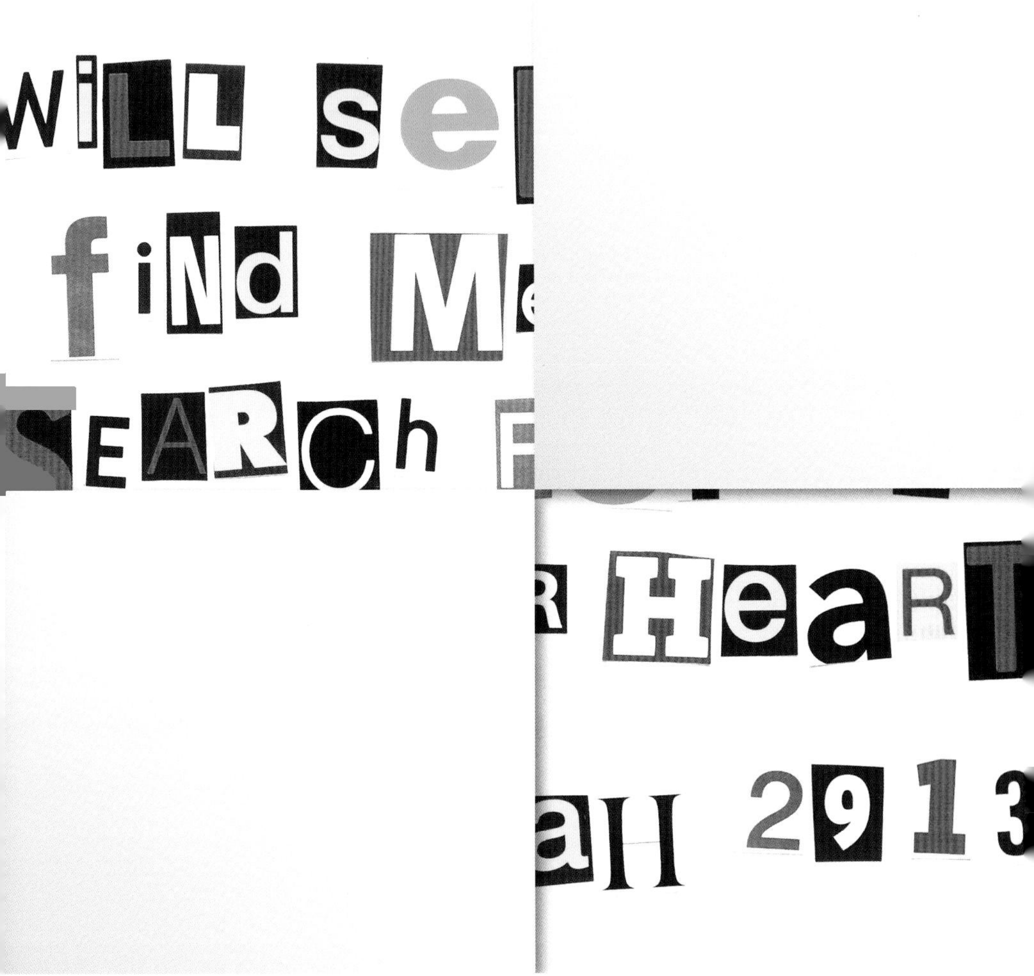

Day18

Day18

Question

Q1 照片中有1組數字，請問是什麼？

Q2 照片中有1個大寫的「T」，
請問底色和文字分別是什麼顏色？

Q3 照片中有1個小寫的「f」，
請問是什麼顏色？

Day19

Day19

Question

Q1 最左上角的罐子裡裝著什麼顏色的油漆？

Q2 總共有幾支紅柄刷子？

Q3 放著油漆和刷子的木桌紋路為下列何者？

1. 左斜到右
2. 右斜到左
3. 垂直
4. 水平

Day20

Day20

Question

Q1 其中有1個關著門的粉紅色置物櫃，
請問這個置物櫃是幾號？

Q2 其中有1個開著門的置物櫃，
請問這個置物櫃是幾號？

Q3 右上角的「107」右邊是什麼顏色的
置物櫃？

廃番
となります
0807榎田
この姓名は
廃番
となります
榎並
0808
0826
0827

野口
0851
0870
0870
織田
0892
0892

Day21

Day21

Question

Q1 總共貼有幾張「廢番」的貼紙？

Q2 照片最右下角的名字是什麼？

1. 尾上　2. 小木曽
3. 榎戸　4. 織田

Q3 下列何者為實際出現在照片中的名字？

1. 遠藤　2. 小木
3. 尾崎　4. 岡島

3rd week［第3週］的答案

Day15

Q1 5扇

Q2 94

Q3 粉紅色

Day18

Q1 2913

Q2 黑底紅字

Q3 藍色

Day20

Q1 105

Q2 114

Q3 黃色

Day16

Q1 3. 草帽

Q2 2件

Q3 3雙

Day19

Q1 紫色

Q2 2支

Q3 1. 左斜到右

Day21

Q1 4張

Q3 4. 織田

Q3 2. 小木

Day17

Q1 January

Q2 只有第1個字母大寫

Q3 藍色

讓你記憶力變好的厲害照片

4th week［第4週］

下個跨頁的右頁

Day23

Question

Q1 最右下角的門是什麼顏色？

Q2 最左上角的門前面放著什麼顏色的花？

Q3 最左下角的門上方寫著什麼文字？
1. FLICKAN　2. BUSSEN
3. BARNET　4. APOTEK

076→077

翻頁之後

左頁

Day23

Day22 ～ Day28的訓練

1. Day22～Day28準備了「4宮格」的照片。

2. 請觀看左頁照片中用細線分隔的格子，1格看8秒，1頁總計看32秒。可以從任意1格開始看起，但記得要繼續依序看下去，不要隨便跳格。

3. 雖然格子變得比較大，但是請不要走馬看花，而是專心觀看畫面中的每項資訊，試著提高自己的「行動專注力」。

4. 翻頁後，請回答下個跨頁的右頁中所列有關該照片的問題。
※Day22～Day28的答案請見P87。

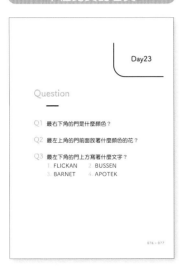

79
71
72
79
76
78
70
75
78
77
77
72
77
73
70
76
75
70
79
78
71
74
75
74
73
79
70

Day22

Day22

Question

Q1 照片中尺寸最大的1組號碼是幾號？

Q2 橢圓形名牌上的號碼是幾號？

Q3 請問唯一紅色的1 組號碼是幾號？

Day23

Day23

Question

Q1 最右下角的門是什麼顏色？

Q2 最左上角的門前面放著什麼顏色的花？

Q3 最左下角的門上方寫著什麼文字？

1. FLICKAN　　2. BUSSEN

3. BARNET　　4. APOTEK

Day24

Day24

Question

Q1 照片中總共有幾個人？

Q2 哪個位置的人是喝紅酒？

Q3 哪個位置的人沒有飲料？

Day25

Day25

Question

Q1 在左上方的車潮中，排在最後面的是哪種交通工具？

1. 轎車　2. 公車
3. 機車　4. 卡車

Q2 右前方的男子手上拿著什麼顏色的飼料桶？

Q3 餵食區的建築屋頂是什麼材質？

1. 金屬　2. 塑膠（合成樹脂）
3. 木頭　4. 稻草

Day26

Day26

Question

Q1 總共有幾個人騎著駱駝？

Q2 有什麼東西飛在左上角？

1. 蝴蝶　2. 直升機
3. 鳥　4. 熱氣球

Q3 騎著駱駝的一行人當中，
最前面的人穿著什麼顏色的上衣？

1. 藍色　2. 粉紅色
3. 紫色　4. 黑色

Day27

Day27

Question

Q1 左前方的小女孩穿著什麼顏色的衣服？

Q2 後方布告欄的前面有幾個人？

Q3 坐在右邊的老師拿著什麼顏色的筆？

084 → 085

Hisamitsu
サロンパス
Taisei neon
UC
VISA
F21
FOREVER
大関貴景勝に化粧まわし。母校の
STARBUCKS COFFEE
TSUTAYA

Day28

Day28

Question

Q1 照片中有間知名的咖啡廳，請問咖啡廳的名稱是什麼？

1. 星巴克咖啡（STARBUCKS）
2. 羅多倫咖啡（DOUTOR）
3. UCC
4. 客美多咖啡（KOMEDA）

Q2 在上方的廣告看板中，藍色圓形標誌裡面寫著哪2個英文字母？

Q3 在畫面右下角正面走來，戴著口罩的路人是男性還是女性？

4th week［第 4 週］的答案

Day22
Q1 70
Q2 79
Q3 76

Day23
Q1 綠色
Q2 橘色
Q3 4. APOTEK

Day24
Q1 6個人
Q2 右上角
Q3 中間下方

Day25
Q1 轎車
Q3 紅色
Q3 4. 稻草

Day26
Q1 6個人
Q2 3. 鳥
Q3 3. 紫色

Day27
Q1 藍色
Q2 2個人
Q3 藍色

Day28
Q1 1. 星巴克（STARBUCKS）
Q2 UC
Q3 男性

讓記憶力更好的祕訣①

只要伸出食指，就能降低84%的健忘現象！
「指認訓練」

大家看過電車駕駛伸出食指，精神奕奕地大喊「發車！」嗎？其實這並不是在提振士氣喔！在月台一端有個名叫「出發號誌機」的號誌燈，駕駛是透過伸手指向號誌燈的動作，來提升「確認號誌的專注力」。

這個舉動稱為「指認呼喚」，是一種善用大腦運作機制的確認方式。伸出手指指向目標物的行為，可以讓大腦注意「看到」的對象，用耳朵「聽著」自己發出的聲音，最重要的是透過身體動作刺激各種感官。

在安全人體工學（Safety Ergonomics）的領域中，有個知名的「相位理論」（Phase Theory）。這個理論將人類意識分成0到4（0～IV）共5個階段，指認呼喚則是屬於能

加快大腦處理資訊的速度，效率相當高的第3（Ⅲ）階段。

據日本國有鐵路（現在的ＪＲ）的研究顯示，原本什麼都不做的時候會有2.38％失誤率，但在實施指認呼喚之後，失誤率竟降低到0.38％，減少幅度高達84％※。

如果你常常忘記自己把鑰匙或手機放在哪裡，可以試著一邊說：「我把鑰匙放在鞋櫃上了」一邊伸出手指做出指認呼喚；如果你容易把雨傘忘在電車或咖啡廳，建議你可以在離開座位前回頭看一下，嘴巴再說：「沒有東西忘記拿！」

可是要在人前發出聲音東指西指的，總覺得有點不好意思嘛，這時候你可以改成一邊注視目標，在腦中想像伸出手指的動作，一邊在心裡默念「我把○○放在□□了」。光是這麼做，就能為你帶來巨大效果！

※引用自日本厚生勞動省（相當於台灣的衛生福利部）官網的「職場安全站」

讓記憶力更好的祕訣②

只要準備紙筆就好！

「漢字特訓」

當我們小時候開始學漢字時，都會注意著「橫、直、橫、橫、左斜線」，一筆一劃寫得小心翼翼；有些人則是把漢字視為一個群組，甚至一邊寫一邊默念各種排列組合。例如「女」是「く＋ノ＋一」，「男」是「田＋力」。

大家經過反覆練習後，才有辦法在不用思考的情況下寫出漢字，這種「靠身體記憶」的狀態稱為「程式性記憶」（Procedural Memory），會在大腦的基底核和小腦裡留下記憶，所以只要一記起來，便能自然而然地寫出漢字。

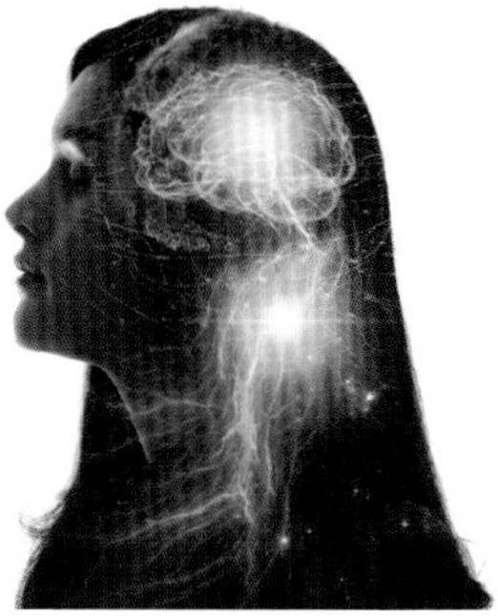

因此，我們平常在寫字的時候，通常會把整個漢字看成獨立個體。這就如同一開始挑戰例題1（P．17）的時候一

樣，處在「茫然看著整張沒有受到切割的照片」的狀態。

請你準備一下紙筆，像小時候在學寫字那樣，嘴上一邊說著「橫、直、橫、橫、左斜線」，一邊留心每個筆畫來寫寫看吧！**這樣的舉動就能提高你的「行動專注力」。**

其實就算不用真的拿出紙筆也沒關係，把手指當成筆，在空中默寫「橫、直、橫、橫、左斜線」的方式，也同樣具有效果。

搭電車的途中，在空中默寫車廂內的廣告文字；看電視的時候，在空中默寫螢幕上的明星名字。**像這樣短短5秒鐘的簡單訓練，其實都是效果十足的喔！**

讓記憶力更好的祕訣③

出乎意料的絕佳效果！

「葡萄糖」

大腦的重量大約只占人類體重的2％，卻會消耗掉人體20％～25％的能量。另外在各式各樣的營養來源中，大腦1天會消耗掉150公克的葡萄糖（Glucose），在人體的總葡萄糖消耗量中占了50％～80％。

為什麼大腦需要這麼多葡萄糖呢？這是因為大腦是人體的重要器官，流入大腦的血液會先經過一個名叫血腦障壁（Blood Brain Barrier：BBB）的關卡。葡萄糖就是其中為數不多，有辦法通過血腦障壁的營養成分之一。

沒有足夠的葡萄糖時，會讓大腦缺少能量，思考能力降低，容易分心，覺得提不起勁，心浮氣躁等等，出現各式各樣的症狀。而這些症狀，正是我

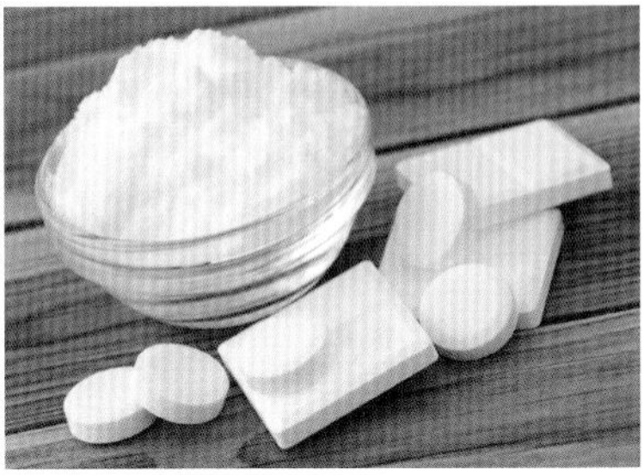

們想要記憶的時候，會阻礙「行動專注力」的幾個原因。

　葡萄糖一般是粉末狀的白色結晶體，不過最近在藥局也有販售個別包裝，讓人方便食用的方塊狀葡萄糖錠。像是早上剛起床，或是準備讀書、開始要投入重要工作的時候，只要事先吃一顆葡萄糖，就能讓你體會到大腦變靈活的感覺！

　像大家小時候都吃過的彈珠汽水糖，其中有些商品的主要成分就是葡萄糖。大家可以看看彈珠汽水糖的成分表，記得不是看果糖或砂糖，而是去確認裡面有多少葡萄糖含量。說到果糖，大家則需注意若攝取過量，有可能會導致血糖值異常，或是造成中性脂肪增加，千萬要小心喔。

讓記憶力更好的祕訣④

1天只要1分鐘！

「想像訓練」

你以前參加校外旅行的時候，去過了哪些地方呢？聽到這個問題，我想大家一定會湧出許多回憶。但此時，在你腦中浮現的是「東京」或「京都」這樣大範圍的地名嗎？肯定不是吧。出現在你腦海的，是不是「東京鐵塔」或「清水寺」的景色呢？

你有沒有發現這些保留在腦中的回憶大多都是視覺資訊？沒錯！無法被大腦判斷為視覺資訊，只能以文字來處理（理解和記憶）的內容，通常會難以長久留存在腦中！

因此我建議大家從平時開始就可以在腦中練習想像，嘗試將資訊轉化為視覺畫面。例如報紙或廣播中的內容，或是與人交談時看到、聽到的單字和短文等等，都可以試著想像成畫面看看。經過反覆訓練之後，大腦就會變得比較容易記憶了！

參考文獻

1）Potter, M. C., Staub, A., Rado, J., & O' Connor, D. H. (2002). Recognition memory for briefly presented pictures : The time course of rapid forgetting. *Journal of Experimental Psychology: Human Perception and Performance,* 28(5): 1163 - 1175（MIT：Massachusetts Institute of Technologyの研究）.

2）Kozawa, R., Osugi, T. & Makino, Y. (2015). Memory decay for briefly presented pictures. The Japanese Journal of Cognitive Psychology 12(2):77 - 87.

3）Findlay, J. M. & Gilchrist, I. D.（2003）. *Active vision*. New York: Oxford University Press.

4）Henderson, J. M. & Ferreira, F.（2004）. *The Interface of Language, Vision, and Action.* New York: Psychology Press.

5）Intraub, H.（1980）. Presentation rate and the representation of briefly glimpsed pictures in memory. *Journal of Experimental Psychology: Human Learning and Memory*, 6, 1 - 12.

6）Latour, P.(1962). Visual thresholds during eye movements. Vision Research, 2, 261 - 262.

7）Potter, M. C.（1975）. Meaning in visual search. Science, 187, 965 - 966.

8）Potter, M. C.（1976）. Short-term conceptual memory for pictures. *Journal of Experimental Psychology: Human Learning and Memory,* 2, 509 - 522.

9）Potter, M. C. & Levy, E. I.（1969）. Recognition memory for a rapid sequence of pictures. *Journal of Experimental Psychology,* 81, 10 - 15.

10）Potter, M. C. et al（2002）. supra note 2.

11）Potter, M. C., Staub, A., & O' Connor, D. H.（2004）. Pictorial and conceptual representation of glimpsed pictures. *Journal of Experimental Psychology: Human Perception and Performance,* 30, 478 - 489.

照片提供

Diego Grandi、Debbie Ann Powell、S-F、Nawadoln、Zvonimir Atletic、Thoreau、NataliyaBack、Anibal Trejo、Vastram、Evgeniy Kalinovskiy、Olena Tur、Mirelle、Nils Versemann、I1MON8、JeanLuclchard、demm28、Monkey Business Images、Christian Mueller、Pixel-Shot、FuzzBones、Margaret M Stewart、Sebastian Duda、Images By Kenny、Ned Snowman、defotoberg、Igor Plotnikov、Rawpixel.com、Cyrus_2000、OmMishra、Krakenimages.com、FiledIMAGE、sutadimages、PhotoSGH、Caycebilly/Shutterstock.com

國家圖書館出版品預行編目資料

用照片提升記憶力的科學訓練法：腦科學證實有效！1天只要1分鐘，無論在哪都可以輕鬆進行／吉野邦昭著；許展寧譯. -- 初版. -- 臺中市：晨星出版有限公司，2022.07
面；　公分 . --（勁草生活；500）

譯自：1日1分見るだけで記憶力がよくなるすごい写真

ISBN 978-626-320-138-5（平裝）

1. CST：記憶

176.338　　111006753

歡迎掃描QR CODE
填線上回函！

勁草生活 500

用照片提升記憶力的科學訓練法

腦科學證實有效！1天只要1分鐘，無論在哪都可以輕鬆進行

1日1分見るだけで記憶力がよくなるすごい写真

作者　吉野邦昭
譯者　許展寧
責任編輯　王韻絜
校對　王韻絜
封面設計　古鴻杰
內頁排版　張蘊方

創辦人　陳銘民
發行所　晨星出版有限公司
407 台中市西屯區工業 30 路 1 號 1 樓
TEL：04-23595820　FAX：04-23550581
E-mail：service-taipei@morningstar.com.tw
http://star.morningstar.com.tw
行政院新聞局局版台業字第 2500 號
法律顧問　陳思成律師
初版　西元 2022 年 07 月 15 日（初版 1 刷）

讀者服務專線　TEL：02-23672044 ／ 04-23595819#212
讀者傳真專線　FAX：02-23635741 ／ 04-23595493
讀者專用信箱　service@morningstar.com.tw
網路書店　http://www.morningstar.com.tw
郵政劃撥　15060393（知己圖書股分有限公司）

印刷　上好印刷股分有限公司

定價 350 元

ISBN 978-626-320-138-5